UNA TRISTE BÚSQUEDA DE ALEGRÍA

Gregorio Luri

UNA TRISTE BÚSQUEDA DE ALEGRÍA

Ediciones de la Isla de Siltolá

Sevilla 2024

Colección *AFORISMOS*

© 2024: **Ediciones de La Isla de Siltolá**

Apartado de Correos 22.015

41018 – Sevilla (España)

www.laisladesiltola.es • *editorial@laisladesiltola.es*

Diseño de colección: La Isla de Siltolá

Impresión: Kadmos

Diseño de la cubierta: Salvartes

ISBN: 978-84-19298-32-4 • DL: SE 622-2024

IBIC: DCF • THEMA: DCF

(Impreso en España)

EL "ala" anida en la palabra.

&

NACEMOS ignorantes. Morimos instruidos. La agonía
es la pereza de explicar lo que hemos aprendido.

&

HAY quien se toma la felicidad ajena como un robo.

&

A un filósofo político hay que tomarlo en serio solo si la
realidad no lo decepciona.

LO que nos separa de los animales: que nosotros no sabemos interpretar nuestros síntomas.

∽

LA definición tranquiliza. Por eso hay que dudar del rigor de la lógica.

∽

EL alma tiene la forma de lo que se graba en los ojos.

∽

NO podemos andar despreciando nuestro tiempo sin acabar damnificados por nuestro desprecio.

SIEMPRE hay a nuestra disposición una respuesta estúpida y un silencio prudente.

໑

LO que el sentido común no sepa poner en la vida, no sabrá ponerlo la filosofía.

໑

EL amor es una moneda de dos caras contradictorias. Una es la de la aceptación del ser amado por ser quien es. La otra es la de la exigencia al ser amado para que esté a la altura de quien es.

໑

AQUÍ, como a las redes sociales, venimos a hacer frases.

DADO que no hay medio de comunicación sin sesgo, no se puede dejar en manos del gobierno el monopolio de la desinformación.

ے

QUIZÁS convenga preguntarse qué es el pecado; pero quizás sea inconveniente preguntarse qué es la ley o qué es Dios.

ے

EN épocas de exhibicionismo moral cualquiera que diga que la realidad está ahí, será inmediatamente acusado de haber puesto la realidad ahí con el único fin de fastidiar.

ے

DADO el éxito que han alcanzado los analgésicos para aliviar el dolor, nos hemos propuesto crear los analgésicos que nos eviten el mal.

LA ironía que no te deja un sedimento de mala conciencia en la boca no es del todo ironía.

&

LA trivialidad es el principal enemigo del pensamiento inteligente. El problema es que hace falta inteligencia para reconocer la trivialidad.

&

LA urgencia con que se nos suele presentar la decisión acostumbra a ser mucho mayor que nuestro conocimiento sobre lo que tenemos que decidir.

&

LA ilusión secreta de las ciencias sociales: poder ofrecer recetas para eliminar las aporías de la convivencia. Es decir, para acabar con la política.

EN las campañas electorales se pone de manifiesto uno de los aspectos de la vida que nos hacen más vulnerables: no tenemos suficiente con ser amados, queremos ser preferidos.

ఴ

UN marxista que planifica está desconfiando de la historia y traicionando a Marx. Es un hermano gemelo del cristiano.

ఴ

¿LA razón pura es un fenómeno o un noúmeno? ¿O es acaso la única cosa del mundo que se libra de esta alternativa?

ఴ

LA única novedad digna de su nombre que traen los periódicos es la fecha.

TODOS nacemos con deudas y crecer es endeudarse, acumular deuda sobre deuda. Vivir humanamente es vivir embargado por la generosidad de los que nos acogen. Algunos parecen entender por autonomía algo así como el olvido o el saldo de esas deudas.

∽

CUANDO la razón atraviesa las puertas de la ciudad, se encuentra con sus límites. La razón solo es pura extramuros.

∽

NO es la ignorancia la causa de nuestros males, sino la ignorancia de nuestra ignorancia.

LOS que se dedican con empeño a buscar las claves del comportamiento humano acaban, tarde o temprano, ejerciendo de profetas. Es el precio a pagar por su derroche de trabajo inútil.

❧

LA confusión moral es la explosión del sentido de lo posible.

❧

UNA insistente lección que nunca aprenderemos: los límites de la ductilidad de la naturaleza humana. Este "nunca" está en nuestra naturaleza.

❧

NO sabemos bien ni cómo vivir solos ni cómo vivir juntos.

EL motor inagotable del apetito no es el estómago, sino la imaginación.

⁊

CON educación no hay suficiente para arreglar los desperfectos de la educación.

⁊

LA unidad es la voluntad no problematizada de la convivencia.

⁊

NO hay bien común que no necesite blandir de vez en cuando la amenaza de la fuerza.

NO hay ideal colectivo que no deje al margen un buen número de ideales individuales.

୧∕ଚ

TODA voluntad de vivir, individual o colectiva, es una voluntad de crecer.

୧∕ଚ

LA paz y la justicia son vecinas desconfiadas, porque en toda paz se incuba la imaginación de otra justicia.

୧∕ଚ

¡QUÉ mal dotados estamos para llevarnos bien con lo único que importa llevarse bien, con el mero vivir.

EL sueño del poder: sustituir las leyes por canciones y los desfiles por bailes.

⚘

EL romántico es incapaz de soñar con la utopía de una justicia… suficiente.

⚘

CUALQUIER meta que le parezca modesta a un romántico es una buena meta política.

⚘

CREER que los males del hombre se resolverán aumentando su inteligencia, es como creer que la bomba atómica es el resultado de la ignorancia humana.

UNA pedagogía adecuada es una pedagogía para estilitas.

&

NADIE se contenta con esperanzas que estén a su alcance.

&

EL pensamiento crítico se limita a la condena preventiva de todo cuanto nuestra debilidad creciente considera una amenaza.

&

EN la vida en común las limitaciones individuales ni restan ni suman; multiplican.

EL hombre es el único animal que tiene fe en la consciencia de sí mismo.

∞

LA corrección política nos está llenando el mundo de plañideras, siempre dispuestas a ser las más lloronas de los funerales.

∞

LA realidad, amigos, también tiene sus derechos (reales).

∞

PARA comprender la superficialidad del presente basta con detenerse a pensar en lo que se entiende por radicalismo, pensamiento crítico o autonomía.

NO cuesta hallar en una ética la pretensión de convertir la sociedad en una gran familia. Es decir, de sustituir los lazos sociales por lazos orgánicos.

⁓

UNA ley que echo en falta: "Queda prohibido exagerar".

⁓

AUN cuando lo tuviéramos todo, nuestra imaginación no tendría suficiente y buscaría la manera de curiosear en el gozo de la insuficiencia.

⁓

PILLADO al vuelo en una conversación entre dos mujeres: "En cuestiones de amor, todas somos el plan B".

LA propiedad es sagrada; el hambre, sacrosanta.

∽

DE jóvenes nos parece que la muerte tira al azar… y poco a poco vamos comprobando que de azar, nada; que va afinando la puntería.

∽

UNA noticia en la prensa es un anzuelo. Si picas, inmediatamente eres vendido a un anunciante.

∽

LA decepción no es un argumento político, es la realidad de la política. Lo que debiera preocuparnos es el entusiasmo.

TODOS pensamos; solo unos pocos hacen caso a sus pensamientos. Y quizás esto nos salve al resto.

കൗ

EL mal que se deja ver como dolor es el mal irónico y profundo, que se ríe de nosotros haciéndonos creer que es el resultado de un desarreglo susceptible de mejora.

കൗ

LEY elemental de las redes sociales: digas lo que digas, siempre habrá al menos una persona que refute lo que no has dicho.

കൗ

PARA genio, el que comenzó a utilizar el subjuntivo.

LA alegría triste: La alegría de encontrar en tu mano ese objeto que llevas media hora buscando. Me acaba de pasar (otra vez).

ન્જ

LA verdad del darwinismo no le concede ninguna superioridad a la verdad.

ન્જ

HE vuelto a encontrarme esta mañana con este asténico argumento contra los exámenes: nadie es un 3 o un 8. Cierto. Tampoco nadie es un 38,6 y no por ello nos negamos a ponerle un termómetro a un niño.

ન્જ

EN educación hay siempre un estudio para confirmar cualquier hipótesis.

VIVIR es ir de rebote de la vida pensada a la vida vivida y de la vida vivida a la vida pensada.

∾

HAY que pagar un alto precio intelectual y moral por negarse a tomar partido en política: Te sientes extranjero en tu patria, rodeado de chiflados y autorizado a sentirte el único sensato. Acabas creyendo que solo tu causa —la desafección— es noble.

∾

EL error es una fe de vida más segura que el acierto.

∾

UN aforismo que no se entenderá: El agradecimiento es la fortaleza de los débiles.

CON frecuencia los que acuden a la política con voluntad de hacer historia, acaban renunciando a la política (les sabe a poco).

❧

A veces lo que sobrevive de un tiempo es aquello que más lo ha impugnado.

❧

EN un mundo ideal se crecería personalmente leyendo libros de autoayuda y se adelgazaría físicamente leyendo libros de dietética.

❧

EMPODERAR es empalabrar.

LA lectura es una técnica de defensa propia.

⁓

LA pedagogía competencial es fruto de una actitud instrumental hacia la naturaleza que casa muy mal con el ecologismo que esa misma pedagogía dice defender.

⁓

EL llamado "giro emocional", que ha alterado profundamente el conjunto de las ciencias sociales, en ningún lugar ha calado más hondo que en la producción de noticias.

⁓

ES autónomo el que sabe resistir la llamada del momento para atender a lo importante.

LO mejor que puede proporcionarnos un diálogo honesto es la comprensión de por qué nos malentendemos

೮๖

PLATONISMOS: A los de izquierdas les gusta la *Apología* y a los de derechas, el *Critón*.

೮๖

LOS estoicos y los comunistas han creído siempre que la historia visible es la yedra que crece engarzada a una lógica más racional que la misma yedra.

೮๖

CUANDO se habla de crecimiento personal, ya nadie piensa en el desarrollo moral de la persona.

LA sobreprotección en la familia y en la escuela es una forma de maltrato.

ᘓᕣ

ALARDEAR de lo que no te gusta, por muy bien gusto que tengas, es una forma de rebajarse.

ᘓᕣ

EN estos tiempos en que el "homo therapeuticus" parace estar sustituyendo al "politicus", creo que deberíamos cuidar nuestras imperfecciones casi como si fueran virtudes.

ᘓᕣ

NOS pueden perdonar nuestra inmoralidad siempre y cuando esta no nos conduzca al fracaso.

NO hay felicidad posible para el ser cuya vista alcanza más que su mano.

എ

EN las horas punta, los viajeros del cercanías pasamos de ser capital humano a calderilla humana.

എ

NO descarto que el hombre descubriera los juguetes eróticos antes que el fuego. Lo obvio es que los descubrió antes de la rueda.

എ

NO puedo evitar ver en la inmensa mayoría de los tatuajes un acto de venganza contra el cuerpo.

NO podemos ser más sabios que nuestro credo. Si creemos que lo somos, es que ya estamos dominados por otro credo.

~

ESTÁ bien jugar a esconderse. Lo malo es que nadie te eche en falta cuando estás escondido.

~

ESOS políticos que prometen curas para los rencores que se encargan de provocar… y solo ofrecen dependencias terapéuticas.

~

AQUEL novólatra creía que por escribir después de Cervantes, ya era mejor escritor que él.

EN estos tiempos exacerbados, lo más prudente, si resulta inevitable hablar con una desconocida, es decirle algo así como "A mí, usted, ni fu ni fa".

&

EL músculo con sangre se forma. Toda la épica de la formación de sí mismo (voluntad, trabajo, disciplina, perseverancia, autosuperación, resistencia a la fatiga…) se ha refugiado en los gimnasios.

&

EL cadáver es el hombre que ha dejado de hacerse ilusiones sobre sí mismo.

&

¡SI al menos el vicio fuese discreto y la virtud insolente!

LA infancia es la edad que se vive sin la conciencia de un tiempo anterior. Para la conciencia no existe la pre-infancia.

☙

EL agradecimiento es una virtud cuya experiencia suele disminuir a media que se incrementan las propias fuerzas.

☙

EN nuestras escuelas es posible obtener sobresaliente en aprender a aprender y suspender en todo lo demás.

☙

LA mayor prueba de la fragilidad del hombre es lo fácil que se olvida de su fragilidad.

EL plácido mundo en que crecimos nunca existió.

&

LAS naciones que se consideran inocentes además de una memoria muy selectiva suelen tener un gran afán por dar lecciones morales a las demás naciones.

&

¡CON qué caras de espanto me encuentro cuando aconsejo a los padres que dejen a sus hijos moverse solos!

&

LA diferencia fundamental entre el Conde-duque de Olivares y Richelieu se encuentra en el nacionalismo de los historiadores que les han tocado en suerte.

ES habitual que no comprendamos bien la naturaleza de los males contra los que luchamos o de los que huimos sin dar batalla.

❧

ME estoy quedando sordo. Esto es, estoy entrando en una de las formas más lamentables de la soledad, porque conmigo no tengo suficiente.

❧

LA sordera es la forma más insolente de la soledad.

❧

ES soberano el que consigue hacer creíble una determinada relación entre lo real y lo posible.

LA vida no es solo vivir.

&

LA usurpación del valor de lo bueno por parte de lo nuevo es el resultado inevitable del triunfo de la experimentación sobre el producto.

&

NO me cosifiques… *ergo*, no me hagas *cosa*, no me hagas *res*, no me hagas *ente*… no me hagas.

&

PARA que la diferencia sea irrelevante basta con decretar la inevitabilidad universal de lo diverso. Si todo es diverso nada es igual. Ni nada es desigual.

SI todo es diverso, yo no soy idéntico a mí mismo.

೧

EL pecado original nos dice que no podemos desprendernos de nosotros mismos y vernos objetiva y neutralmente.

೧

EL futuro siempre encontrará razones para acusarnos.

೧

LA inteligencia para comprender que no es sabio derruir todo lo que no nos gusta, no es propia de nuestro tiempo.

LAS emociones son evidentes pero no infalibles. Necesitan un criterio no emocional que las juzgue, valore y jerarquice.

∾

LA capacidad para ver escándalos donde hay problemas es la peor contribución de los medios de comunicación a la política moderna.

∾

A la razón le sobran razones para acudir en defensa del corazón.

∾

SI un día la naturaleza, al completo, está en manos del hombre, este se habrá quedado sin objetivos.

EL comunismo, en su esencia, es un proyecto de experimentación incesante con la naturaleza. Y, si eso es así, el comunismo ha triunfado.

ↄ

VER es rehacerse.

ↄ

QUIZÁS la superioridad moral sólo la tenga aquel al que nadie escucha, porque es el más libre.

ↄ

LEVANTA una bandera y tendrás un aliado y un enemigo.

ME pregunto si Jesús conoció ese sentimiento tan humano de la autodecepción.

cs

LO más difícil para pensar bien es negarnos a adornar con abalorios la realidad.

cs

CUANDO tus ideas no son suficientemente consistentes para definir tu posición, es tu posición la que acaba definiendo tus ideas. Lo irónico es que la posición que crees tuya, con frecuencia te ha sido asignada por el enemigo.

CON mucho gusto fundaría un partido político con un único punto programático: combatir la exageración. Pero dado que el carácter político del español parece ser la exageración, si no exagerase mi ecuanimidad, no obtendría ni un voto.

ⁿ

LA razón humana es, efectivamente, presuntuosa. Véanse los que se empeñan en afirmar racionalmente esta tesis.

ⁿ

PARA pensar bien, atenderse bien. Y en silencio.

LA vanidad nace con el deseo de ser distinto, aunque para ello tengamos que rebajarnos.

∞

EL mimetismo también es una forma de vanidad. Pregúntenle al camaleón.

∞

RECONOCER que está en ti la confirmación de la belleza de afuera.

∞

LA lealtad a nuestra comunidad se justifica por la dificultad para encontrar valores que la trasciendan y que sean capaces de crear comunidad.

ES muy ingenuo pensar que el egoísmo se cura con más ciencia.

c⁄ɔ

A biólogos, neurólogos y filósofos de la mente hay que seguirlos tanto cuando están en sus laboratorios como cuando están en el bar con los amigos. Pero yo sospecho que nos dicen más sobre los humanos con su comportamiento en el bar que con sus investigaciones en los laboratorios.

c⁄ɔ

EL matrimonio es una comunidad litúrgica. La primera y el fundamento de cualquier otra.

NO hay mayor tristeza que la de un loco sin éxito porque todos lo han tomado en serio.

∾

LA exageración es peor que la mentira, porque tiene algo de verdad, si bien distorsionada por un espejo cóncavo en el que la vemos reflejada.

∾

PARA democratizar el acceso a la belleza, hemos decidido que sólo tiene derecho a considerarse bello lo que nos parece bonito.

ESTE es un momento para la política de altura... que es la que mide la altura de los políticos.

☙

ARMONIZAR los impulsos del alma hasta construir con ellos una sinfonía. Este suele ser el supuesto de la mala literatura.

☙

LA armonía operativa del hombre es el sueño de su razón en las horas de vigilia. Los sueños vienen a contrarrestar esa pretendida fuga de nosotros mismos.

☙

EL sueño es un ejercicio de humildad realista.

AMAR también es estrujar.

☙

CUANDO lo imposible se cree posible, lo real deja de diferenciarse de lo imaginario.

☙

LAS ideologías son las diversas formas de creer en la universalización de la edad adulta.

☙

MIENTRAS la Venus Calipigia siga mereciendo su nombre, el relativismo no podrá cantar victoria.

LA ingenuidad ilustrada parece creer en la posibilidad de domesticar a Eros, cuando la historia humana no es sino el reiterado fracaso de este intento.

❧

SI la religión es el consuelo de los débiles, hay religión para rato.

❧

LAS ilusiones morales nunca consiguen poner la realidad a su altura.

❧

¡POR no pensar lo que digo, cuántas veces digo lo que no pienso!

EL hombre libre es aquel que no culpa a nadie ni de sus traspiés ni de su estatura.

∞

UN buen libro te permite mantener una relación carnal con las palabras.

∞

EN política lo que convence es la cantinela. La repetición tiene más capacidad disuasoria que el silogismo.

∞

UNA barbaridad oída mil veces es un rasgo de nuestro tiempo.

LA función del amor: darle a la vida la ilusión de algo más fuerte que la muerte. El amor tocado por la muerte es amor, a pesar de la muerte.

*

EN el espejo de la eficiencia técnica cada vez nos vemos más pequeños. No estamos a la altura de nuestras máquinas.

*

DOS imposibles: Ni contigo sin mí, ni conmigo sin ti.

*

PARA las voluntades fuertes, el tiempo es siempre un aliado.

PARA la voluntad débil el tiempo es lo que se pierde.

∽

EN un punto tienen razón los críticos de la meritocracia: la escuela no debería estar para recompensar el mérito. La escuela, creemos los defensores de la meritocracia republicana, debería estar para provocarlo.

∽

LA fiesta colectiva es el principal dato político de un pueblo. El segundo es la guerra.

∽

SER sabio es, probablemente, mantenerse sereno en el naufragio.

LOS frágiles límites de una casa con el fuego encendido, el pan en la mesa, las sábanas limpias en la cama… nos recorremos medio mundo para saber que solo entre esos límites la existencia es liviana.

*

LA impaciencia de la opinión, ese prurito parlero…

*

EL sexto sentido es… hacerse cargo.

*

ESTAMOS empeñados en infantilizar la infancia.

EL patriota es el que nunca dice "Estaba así cuando llegué".

☙

LA virginidad, el deseo sin memoria.

☙

LA ancianidad, el deseo desmemoriado.

☙

¿A qué se debe el fenomenal éxito de los vídeos de animales jugando? A que los suponemos felices. Intuimos que están disfrutando de una felicidad que nuestra humanidad nos niega. De alguna manera nos desnudamos de lo humano y participamos en su juego. Y con felicidad nos degradamos.

SOMOS muy buenos creando máquinas que son más eficientes que nosotros mismos. Pero siempre las superaremos en la capacidad de degradarnos.

∾

NUESTRAS máquinas, tan eficientes, nos permiten contemplar el inocente juego del animal. Es decir, nos permiten amar al animal amable, pero no a la máquina eficiente.

∾

EL comunista no sigue a una estrella roja, más bien cree que las estrellas están siguiendo al comunismo.

∾

EL comunismo es la ideología que prohíbe estar triste.

MIENTRAS que los niños, en general, lo que quieren es crecer; los adultos nos estamos empeñando en infantilizarlos.

∽

¿ALGUIEN deja de ser malo por saber que no debe serlo? ¿Alguien deja de engañarse a sí mismo por haberse descubierto engañándose a sí mismo?

∽

LOS vencedores (incluyendo a los jóvenes) siempre tienen razón. Pero no hay victoria definitiva contra el tiempo.

∽

TODOS sabemos que debemos obrar bien; lo que nos cuesta es saber qué es el bien

ES viejo el que cree que tuvo razón.

&

NO nos sentimos bien obrando mal; pero no somos tan inteligentes como para saber siempre si obramos bien.

&

VIVIR es hacerle guerra de guerrillas al tiempo

&

NO hay victoria posible contra el tiempo, pero a veces nos deja jugar con él al pilla-pilla.

EL café descafeinado fue anterior a Foucault y a Derrida. Toda la filosofía contemporánea no es más que un conjunto de notas a pie de etiqueta de un bote de café descafeinado.

&

AQUEL gran sabio descubrió que se podía cambiar el clima alterando los termómetros… en la medida en que la alteración de los termómetros, modificaba la percepción del clima.

&

LA ciencia de las estrellas y de las partículas elementales está de acuerdo al afirmar que la historia del Todo se reduce al triunfo final del principio de muerte sobre el de creación. El triunfo del mal, sin nadie que lo sufra.

EL sueño de eliminar las raíces sociales del mal lo más que nos ha dado, hasta ahora, es la aspirina.

∽

EL sueño de dirigir la historia… ¡como si se pudiera cabalgar sobre un tigre!

∽

MORALIZAR es generalizar.

∽

LA amo porque no puedo recordar por qué ayer no la amaba.

LA nada: la identidad sin sujeto.

ᙍ

CUANTO más viejo me hago, más parecidos encuentro entre la política y la alquimia.

ᙍ

NO se puede pensar sin generalizar. Cada sustantivo es una multitud. Ergo...,

ᙍ

EL cinismo es la actitud natural de los maleados por una sobredosis de realismo.

HEMOS sustituido la lucha de clases por la pugna mediática de identidades.

۵۵

FUE, sin duda, un héroe imperfecto, como cualquier otro héroe cabal.

۵۵

SI educamos a nuestros jóvenes en el desconocimiento de cuanto les permitiría amar a su país, los estamos condenando al exilio, estén donde estén domiciliados.

۵۵

EL progreso es el reclinatorio del tiempo.

INTENTANDO recuperar la metafísica cotidiana, recuerdo expresiones como "es un sinfundamento", o "es un sinsustancia".

എ

UN rey filósofo quizás no haría otra cosa que rezar a los dioses de la patria.

എ

EL prejuicio comienza con la confianza en que sabes lo que dices cuando dices "te quiero".

എ

LA monarquía, en su ideal, es el poder que se afirma a sí mismo inhibiendo su poder.

EN historia todo intento de explicar las causas de un fenómeno complejo es un engaño.

ᥫᩬ

LO que se suele entender por pensamiento crítico cabe en cuatro pancartas.

ᥫᩬ

LA reforma educativa que tendrá éxito será aquella que permita a los docentes reconocerse en sus prácticas.

ᥫᩬ

LO que hace habitable la caverna es la esperanza de que haya en algún sitio una salida… aún no hallada.

HABITAR la caverna es decorarla con las ilusiones del futuro

&

LA caverna es la condición sine qua non de la poesía.

&

VIVIR es soñar que hay vida más adelante.

&

SOMOS también lo que nuestras proyecciones sobre nosotros mismos nos ayudan a creer que somos.

&

LA vida vivida se sostiene sobre la vida imaginada.

LA aspiración al mejor argumento para rebatir la merito-
cracia es una aspiración meritocrática.

☙

UNA cabeza en la que solo caben competencias no es del
todo competencial. Aún puede utilizarse como martillo.

☙

OLVIDÉ la respuesta a la pregunta que también he olvi-
dado. Pero recuerdo que tenía una buena pregunta y una
magnífica respuesta. Cosa que también olvidaré.

☙

HAY tragedias vividas que pasan pronto a ser comedias
rememoradas.

CUANDO alguien, refiriéndose a las cosas humanas te diga aquello de "La evidencia muestra…", duda.

೧

LO peor de quedarse solo en edad madura: no tener a nadie con quien compartir tu extrañeza por la deriva del mundo.

೧

EL pecado original consiste en decir "nosotros" y pensar "yo".

೧

LA historia no conoce la humildad.

QUIEN no sabe hablar bien, no sabe bien nada.

&

EL populista cree que todos somos iguales, pero que él es igual y pico.

&

EL pensamiento avanza sobre la decepción de lo dicho.

&

CUANDO la naturaleza duerme, creemos que está domada.

&

SI el soberano es quien puede decretar el estado de excepción, el soberano es la naturaleza despierta.

LA desmemoria funciona de maravillas cuando se trata de los aguijones de la mala conciencia.

∽

SI se trata de la naturaleza, la ciencia; pero si se trata del hombre ante la naturaleza… ¿quién puede despreciar la religión?

∽

LOS intentos de embridar la historia acaban fácilmente con el jinete tullido y el caballo desbocado.

∽

LA fuerza del impulso egoísta se salta fácilmente las barreras racionales. Y la razón no suele mostrarse demasiado reticente a la hora de justificar su triunfo. La razón es una deportista muy sesgada.

¡QUÉ hábil es la razón justificando sus propias lagunas!

~

CADA vez que digo "yo" estoy protestando contra mi finitud. Todo yo es soberbio.

~

LAS fronteras entre la voluntad de afirmarnos a nosotros mismos y la voluntad de poder nunca estuvieron muy claras.

~

EN cuanto abandonamos al difunto en su tumba, comienza para él su historia natural.

EN la naturaleza humana se manifiestan las diversas posibilidades de la naturaleza. Por eso hay naturalezas perversas.

❧

ACASO fuimos domesticados demasiado deprisa…

❧

PARA comprender la naturaleza el hombre debiera ser humilde, pero su naturaleza no se lo pone fácil.

❧

NO sé si hay alguna ley natural. Sé que, si el hombre es natural, es natural para él obedecer los artificios legales.

CUANDO el hombre mira hacia atrás y ve los animales que lo siguen ve algo que teme llegar a ser. Y reza.

❧

LA ironía es la distancia que nos mantiene a salvo de la realidad.

❧

EL sentido común suele saber cantar lo que los sabios no saben traducir a leyes.

❧

SI la naturaleza tiene un origen natural, este origen no merece una plegaria; no conoce la piedad. No merece un altar.

SI no creemos en la precaria sabiduría del sentido común, ¿creemos en la democracia?

‍

LA razón pura es un sepulcro blanqueado.

‍

EL método científico con el corazón hace fisiología.

‍

NINGUNA sociedad compleja resolverá jamás el inevitable conflicto entre libertad y orden.

LAS doctrinas más dañinas suelen alimentar su ponzoña con fragmentos de verdad.

ↄ

POR naturaleza nos sacudimos la naturaleza como el caminante se sacude el polvo de las ropas. Y por naturaleza no podemos dejar de caminar.

ↄ

¿CUÁL de estas dos sentencias refleja mejor la verdad de la democracia: "Todo el poder procede del pueblo" o "toda obediencia procede del pueblo"?

EL poder democrático es la instancia sobre la que delegamos la realización de nuestras buenas intenciones, es decir, es la instancia que nos permite despreocuparnos, pasar a otra cosa.

 споро

PARA fe, la que un padre está siempre dispuesto a depositar en las excusas de su hijo.

 споро

LA escuela actual, más que mejorar la sociedad, refleja la ideología de los intelectuales que critican a la escuela y a la sociedad.

LLEGAS a una edad en la que no mueren solo personas, lo que vas enterrando es un mundo.

❧

EL poderoso no sabe lo que es el poder. Se limita a constatar la obediencia que acompaña a su presencia.

❧

TODO poder considera justificada su eminencia.

❧

EL resentimiento puede estar justificado, pero no por ello es infalible.

A quien pone su lealtad a los pies de un absoluto, la lealtad familiar le sabe a poco y, con frecuencia le parece una amenaza.

ↄ

LA esperanza ilustrada de que con más educación, menos cárceles; nos ha dejado en herencia presos más instruidos.

ↄ

DADO que el precio de la libertad es la responsabilidad, puede ser muy cómodo permanecer como esclavo.

ↄ

LAS ciencias humanas han proporcionado toneladas de datos a los asesores de los gobiernos, pero no saben cómo proporcionarnos mejores gobiernos.

NOS empeñamos tanto en correr detrás del viento, que cuando cambian las tornas y el viento es el que nos da alcance, no nos damos cuenta hasta muy tarde.

ↂ

EN las pugnas políticas las armas puramente racionales convencen poco.

ↂ

EL lobo tiene hambre; el hombre tiene apetito de este o aquel plato.

ↂ

RECIBIR un puñetazo en las narices es una forma muy precisa de autoconocimiento.

LA razón humana se desarrolla tan despacio que se queda perpleja ante sus propias sinrazones.

᙮

LA imaginación es lo que nos permite llegar más allá de los límites que nuestro cuerpo no puede alcanzar. La imaginación es la imaginaria negación de la finitud.

᙮

ES difícil saber qué parte de hipocresía hay en nuestras virtudes.

᙮

CAEMOS porque la vida pesa y mientras pesa hay caída y esperanza de que el suelo aún esté lejos.

ARRANCO esta flor y me digo a mí mismo que quiero su belleza.

∽

LOS estoicos atribuían al corazón de la naturaleza, es decir, a las matemáticas, una voluntad ética. Pero las matemáticas son también el corazón de la bomba atómica.

∽

NOS gusta despellejar al sospechoso hasta conseguir su condena y seguimos despellejándolo hasta que llega al cadalso. Pero una vez allí, despellejamos al juez.

∽

NO sé si es peor un profeta desarmado que un profeta mal armado.

EL votante quiere candidatos en los que poder vehicular su narcisismo.

❧

LA inteligencia política es escasa y eso es lo que no quiere saber el votante.

❧

CREER en un dirigente maquiavélico es consolador… si es de los nuestros.

❧

TODO momento es un interregno y todo interregno proporciona a lo monstruoso (partos prematuros y muertos revividos) las condiciones precisas para su aparición.

SI conociéramos nuestros límites, sabríamos lo que hay de oscuro en el fondo de nosotros mismos. Pero sin esa oscuridad dejaríamos de ser humanos.

☙

NUNCA se ha pensado más sobre el hombre en Europa que en el interregno entre la primera y la segunda guerra mundial.

☙

POR naturaleza el hombre es más histórico que natural. Si tiene historia es porque su Naturaleza le impone una manera de ser histórico.

☙

POR Naturaleza el hombre es un ser que sueña el imposible de desembarazarse de la historia para ser solo natural.

POR Naturaleza el hombre tiene un alma extensa con puntos variables de intensidad a los que llamamos sujeto. El sujeto es, pues, el momento intenso del alma, cuando todo cuanto es parece bien asido.

రీం

AL alma le gusta perderse en sí misma.

రీం

SER hombre es tener conciencia crítica del horizonte y, por lo tanto, del límite.

రీం

EL hombre es la incomodidad del límite (de las costuras de sí mismo).

SER hombre es soñar con un límite que sea el del olvido de la fatiga de la ilimitación.

એ

A lo real le suele faltar el aderezo de lo posible para resultar gustoso.

એ

LA historia de la humanidad es la de la expansión de lo posible a expensas del sentido de la realidad.

એ

LA muerte es el triunfo definitivo de lo real sobre lo posible. Pero ya no estamos allí para rubricarlo.

LOS nombres del hombre: entrambos, bisagra, transfinito, daimon.

ॐ

EROS siempre nos descubre la importancia de la fidelidad, pero nos apresuramos a taparle la boca para mantenernos solo fieles a Eros.

ॐ

EN la Mathesis Universalis tiempo y concepto serían la misma cosa. Pero entonces no te encontrarías a ti mismo, lector, en ese saber absoluto.

ॐ

EL hombre tiene mucha mayor capacidad de imaginarse que de construirse. Es un escultor echando la siesta.

SOLO el hombre se inquieta por los excluidos de su autodelimitación.

❦

POR Naturaleza el ser humano puede ser inhumano. Es el animal capaz de degradarse hasta la abyección. Pero también por naturaleza es el ser capaz de elevarse a sí sobre sí, angelicalmente.

❦

ES verdugo aquel hombre capaz de deshumanizar al criminal.

❦

EN el mundo de la vida ocurre a veces que el depravado se lanza al agua para salvarte cuando te estás ahogando y el angelical hace como que no te ve.

PARA que el hombre continúe siendo hombre ha de ser capaz de proyectar espontáneamente sobre sí los prejuicios del humanismo.

ↄↄ

LA colonización emotivista del mundo de la vida está consiguiendo hacernos creer que la dignidad ya no está ni en lo que se es ni en lo que se hace, sino en lo que se padece.

ↄↄ

LA humanidad no tiene portavoz.

ↄↄ

EL hombre que se imagina emigrando al transhumano no puede sino concebir el lugar de llegada con las categorías del lugar de partida.

EL nihilismo es el resultado del fracaso de la sustitución de la prudencia por la ciencia. En especial, por las llamadas ciencias humanas.

ɔ

LA ciencia no nos ama (tampoco nos odia). Se limita a seguir los imperativos de la probidad y está por ver que allí exista un lugar habitable para el hombre.

ɔ

POR Naturaleza no existen repúblicas de individuos naturales.

ɔ

DECONSTRUYAMOS el mundo de la vida y caeremos en la Naturaleza.

POR Naturaleza el hombre está obligado a ser algo, porque le sabe a nada su mero ser.

∽

AFIRMARSE en su esencia significa para el hombre aceptar como propio todo cuanto desconoce de sí.

∽

EL límite del ser es la diferencia; el ser del límite, lo anfibio.

∽

EL filósofo le muestra al hombre corriente su ignorancia sobre lo que sea el amor. El hombre corriente le pregunta al filósofo si saber eso ayuda a ser amado.

LA renuncia al límite es la libertad en retirada.

࿇

TARDE o temprano descubrimos que estamos condenados a vivir en el mundo en que vivimos y que el presente está hecho con la inteligencia disponible en el pasado.

࿇

EN los diálogos se demuestra con frecuencia que el hombre es un loro para el hombre.

࿇

ESTÁ bien enseñar a los niños en las escuelas lo buena que es la paz, pero deberíamos añadir que los poderosos del mundo pueden no compartir nuestros valores.

HAY padres que aman tanto a sus hijos que, para no dejarlos de amar, no los ponen a prueba.

ↄ✄

A medida que envejeces descubres con sorpresa que tu adelantado en el futuro es cada vez más aquel niño que fuiste.

ↄ✄

EL conocimiento, como la vergüenza, solo es importante para el que ya lo tiene.

ↄ✄

TEN cuidado con lo que deseas, porque el deseo es un parásito del presente.

TEN cuidado del presente para desear lo posible.

⁊

A la imposibilidad de habitar solamente en el presente la llamamos futuro.

⁊

EN algunos ámbitos pedagógicos no está muy bien visto hacer de adulto, porque al adulto se lo ve como un niño degradado.

⁊

ARRANCARLE con un beso el alma y hacer de su latido mi latido mientras el mundo en torno se desvanece por no poder resistir la competencia de nuestro protagonismo.

NUESTRA alma siempre está indefensa en nuestras manos.

PARA entender la importancia de la lógica hay que pensar con lógica. Pero nadie cree que piense ilógicamente.

∾

SI el mundo cambiase las balas por libros... nos mataríamos a librazos.

∾

¿EDUCAR para la vida? ¿Para qué vida? Escuchando a los vacuos, prefiero vivir para educarme.

[91]

SIEMPRE fue así, pero hoy, en los tiempos democráticos, es más así que nunca: Para mandar bien hay que hacerse perdonar el mando.

༄

ASOMARSE al nuevo día con la actitud de quien se lleva la mano al bolsillo, a ver si le queda calderilla para un capricho sencillo.

༄

LA frivolidad: no concederle a algo o a alguien el respeto que crees que se merecen.

༄

PARECE obvio que la gran aportación de estos pedagogos ministeriales a la historia universal de la trivialidad es la ignorancia preventiva.

LAS personas con un ego frágil tienden a sobreactuar cuando tienen espectadores y suelen hacerlo en la dirección equivocada.

૯૦

NO sobreactúes, sobre todo cuando estés solo.

૯૦

DIOS es lo que nos impide sobreactuar cuando estamos solos.

૯૦

LA política me merece muchísimo más respeto del que estoy dispuesto a darle. Sin duda hay aquí un agujero en el bolsillo de mis convicciones.

SE camina muy distinto si es la meta la que hace el camino o si es el camino el que hace la meta.

∽

LOS románticos que valen son los que saben cuadrar un presupuesto.

∽

SI no amas sus rigores, no amas la libertad. Libre es el que ama vivir a la intemperie. Lo otro es comodidad.

∽

SI el pensamiento crítico fuera crítico, se limitaría a rumiarse.

LA amistad nace cuando nos descubrimos portadores de un valor que hasta que la mirada del amigo lo ha sacado a la luz, permanecía latente en nosotros.

∽

LA amistad es, pues, una forma rigurosa del autoconocimiento. Sólo sabemos qué significa que alguien crea y confíe en nosotros cuando alguien concreto cree y confía en nosotros.

∽

LA amistad adulta comparte un mundo y no meramente los vaivenes caprichosos de su sentimentalidad.

EL amigo reconoce en nosotros un valor que afirma nuestra esencia.

⁊

PUEDE ser de buen tono jactarse de algunos de nuestros pecados ante un amigo, pero no se nos ocurre pavonearnos de aduladores, envidiosos o traidores.

⁊

LA amistad es un bien moral porque conocerse a uno mismo lo es. Pero no es un deber moral porque nadie puede obligarnos a ser amigo de nadie, y mucho menos a ser amigos de todo el mundo

⁊

HAY amistades construidas con palabras y presencias y amistades construidas con presencias sin palabras.

LAS almas más amplias son las más conciliadoras y la amistad es un factor de amplitud. Cada amigo prolonga un poco el radio de nuestra alma.

ço

EL corazón humano es el órgano más idealizado, cuando sólo es la precaria voz de la naturaleza en nosotros.

ço

QUEDARTE sin un amigo –sin ese amigo con el que contabas para envejecer en compañía– es quedarte sin una parte de tu mundo. Con él ha desaparecido para siempre un ámbito irreemplazable de experiencia.

ço

LA naturaleza se ríe de nuestras morales. De ahí la necesidad de tomarse en serio la moral.

NADIE siente vergüenza de sus talentos. Por eso el reprimirlos por humildad es la forma superior del orgullo.

છ

¿QUÉ demonios está haciendo uno cuando está hablando de esa parte de su alma que el amigo se lleva consigo a la tumba, pero no al olvido? El amigo perdido se convierte en un miembro fantasma del alma.

છ

LA tragedia es la comedia más el tiempo. Y al revés, también. Es decir, la tragedia es un fragmento sesgado del tiempo.

છ

LA irracionalidad de la religión es nuestro mejor refugio contra la racionalidad de las matemáticas.

DIOS no se revela para darnos lecciones de lógica, sino para manifestarnos lo máximamente improbable.

∞

NO reducir la vida a una triste búsqueda de alegría (que es el destino de la filosofía).

∞

LOS capítulos de una vida se reducen a las expectativas en el amanecer de cada nueva década.

∞

EN política todos creemos de buena fe perseguir lo mejor. Si creyéramos que el que busca lo mejor es otro partido, lo seguiríamos.

EL patriotismo es la forma de piedad que mejor encaja en nuestra ilimitada imaginación.

&

ES fácil creer que, si una propuesta es nuestra, ya es la mejor.

&

AFIRMAR lo nuestro es crear fronteras y, por lo tanto, incordiar al vecino.

&

EL alma es el ave que vuela sobre su nido, que es la historia.

&

EN toda alabanza desmedida hay una traición a la lealtad.

LOS únicos que no defraudan nunca son los enemigos.

ↄ

SIEMPRE nos defraudan los que amamos. Por eso hay que amar también contra la realidad.

ↄ

LA paz y la tolerancia son inventos tan modernos como frágiles. Para ser efectivos necesitan algo que los defienda.

ↄ

LA imagen que una sociedad tiene de sí misma es un elemento esencial de su existencia y es siempre real en sus consecuencias.

PARA mejorarse hay que quererse.

LA sociedad que no se aprecia a sí misma, está condenada a la desaparición, y si se aprecia demasiado, puede animar a concebir la política como una pugna contra el tiempo.

LAS sociedades que no se valoran a sí mismas se desmoronan y, entonces, a medida que los ciudadanos pierden su valor, experimentan con frecuencia situaciones de extrema libertad.

¿CÓMO conseguir un equilibrio dinámico entre pluralidad y unidad? La dinámica centrífuga debe compensarse con la centrípeta. La dinámica centrípeta más eficaz es la del amor a la patria. Si falla la idea de patria, falta el único principio unitario consistente.

EL patriotismo es la virtud política accesible a todos. Pero no hay patriotismo que no añada tensión a las fronteras.

❧

LOS que alaban el diálogo y la racionalidad deberían mostrarnos al menos una discusión política desarrollada con la racionalidad y compostura que propugnan.

❧

LA razón sólo ofrece argumentos al que está dispuesto a escuchar, pero la disposición a escuchar no la crea el diálogo.

❧

EL poder de los argumentos en política sólo es real cuando hay la suficiente gente dispuesta a escucharlos.

NOS dejamos arrastrar con facilidad por ideas que no comprendemos; una sinécdoque puede poseer mayor capacidad movilizadora que un silogismo.

❧

NO hay instrumento político más poderoso que la ridiculización del adversario.

❧

LA democracia nos hace creer en una ilusión que está condenada a defraudarnos: la desaparición de la distancia entre el gobernante y el gobernado.

❧

PARA el buen político, la realidad cuenta. Pero no solo cuenta con ella.

HAY que desconfiar (y callar) de quien se pone muy serio al hablar de política.

∽

NO hay política científica. Por eso los miles y miles de páginas de las llamadas ciencias sociales pueden proporcionarnos más datos, pero no mejores gobiernos.

∽

LA política tiene algo de infantil y por ello mismo es difícil envejecer sin un cierto escepticismo (que la persona noble intenta que no se degrade en cinismo).

∽

AUNQUE es difícil creer en la razón política, el desprecio por el debate público tiene efectos perversos: La misología siempre conduce a la misantroía.

EN política lo imposible es inmoral y lo posible sabe a poco; lo posible se alimenta de lo real y lo deseable siempre es polémico. Pero no podemos dejar de ser ambiciosos.

ಲ

SOLO puede ver el valor transeúnte el que se detiene a su lado.

ಲ

SE puede llegar a viejo siendo un solitario condenado a desconocerse a sí mismo.

ಲ

EL innovacionismo es la convicción de que el valor de algo depende de su novedad (o de su capacidad para generar nuevos deseos). Es, por lo tanto, la forma esnob del relativismo. Sin embargo, en el mundo de la innovación lo normal es fracasar.

LA manera más común de justificar los propios intereses es considerarlos intereses universales.

❧

NO hay desigualdad cuyo beneficiario no encuentre argumentos para sostenerla.

❧

NEGAR al otro el pan y acusarlo después de que su extrema delgadez aconseja que coma poco.

❧

QUIEN está gobernado por su propia ignorancia, no se autogobierna.

EN las cosas humanas el margen tiene siempre algo de amenaza o, al menos de refutación del centro.

&

EN política el realismo triunfa cuando se presenta como idealismo.

&

EL intelectual tiende a creer que no hay mal que no tenga una receta que lo legitima a él como intelectual.

&

EL elemento de la vida moderna que más dificulta la retención es la tendencia a escenificar de manera aparatosa las propias emociones al considerar más propio lo que sentimos que lo que hacemos.

NO podemos programar la aparición de la amistad. Hay algo al mismo tiempo casual y fatal en ella. Pero sabemos que la hemos encontrado cuando podemos preguntarnos, como Lope, " ¿Qué tengo yo que mi amistad procuras?"

✌

MERECE el nombre de amigo aquel que ha encontrado en nosotros un valor que lo mantiene a nuestro lado.

✌

CUANDO elogiamos el valor de un amigo no es inusual que algún mostrenco nos objete que "eso lo dices porque es tu amigo". ¡Claro que sí! Porque hay que ser amigo de alguien para descubrir lo mejor que hay en él.

NO siempre poseemos la inteligencia necesaria para captar las intenciones utilitarias del que se hace pasar por nuestro amigo y, sin darnos cuenta, caemos en trampas de dependencia que nos tienden los empáticos maquiavélicos.

❧

LAS presas más fáciles son las dominadas por la necesidad patológica de merecer la mirada aprobadora del otro.

❧

SI la amistad y la filosofía son genuinas, comparten devoción por la libertad de palabra. No son balsas de aceite. Ni tan siquiera son siempre amables. Con los amigos podemos llegar a ser muy críticos, incluso implacables.

ASÍ como el amigo honesto nos dice lo que no queremos escuchar, la filosofía se empeña en descubrirnos lo que no queremos saber. La verdad no es siempre consoladora.

૭૭

EL deber moral es convivir civilizadamente con los que no son nuestros amigos.

૭૭

LA moralidad nos pide tratar a todos los seres humanos civilizadamente porque son humanos. Pero la amistad es como una fuerza de gravedad que nos mantiene en la órbita de ciertos humanos en los que valoramos sobre todo aquello que los escolásticos denominaban *haecceitas*: lo que tienen de diferente, singular y exclusivo.

LA amistad no es ni imparcial ni universal. Es sesgada, preferencial y concreta; es una lealtad muy selectiva que se construye en el tiempo. Por eso espontáneamente trato a mis amigos de manera diferente a como trato a los demás.

⁊

PUEDO ser un generoso filántropo y ayudar desprendidamente a la humanidad, pero al círculo de mi intimidad sólo dejo paso a los míos. La amistad no se refugia en el humanismo abstracto, sino en el calor de una presencia concreta.

⁊

UN amigo es aquel al que telefoneas para sentir el calor de la capa que mutuamente os cobija.

TODAS las variadas formas de intimidad amigable tienen en común una cierta imagen de la felicidad compartida y una cordial desvergüenza que nos permite mostrarnos sin máscaras.

❧

LO que ve mi amigo en mí es posible gracias a la confidencialidad de la amistad.

❧

TODO nexo de unión entre los hombres es sumamente valioso precisamente porque posee la fragilidad de lo que la muerte tocó en su mismo nacimiento.

❧

EL filósofo Demócrito acostumbraba a decir que el lenguaje es "eidolon tou bíou), es decir, una miniatura fiel de la vida ("vitae simulachrum"). Hablamos para vernos.

MIRAR a la naturaleza de frente sin naturalizarse, sin renunciar a ser hombre. Esta es la utilidad de la filosofía.

&

CUANDO el hombre se contempla a sí mismo desde la naturaleza no puede por menos que moralizar.

HASTA lo estrictamente biológico en el hombre llama a ocultar su naturaleza.

&

LO opuesto a la filosofía es el arte. La filosofía desvela lo natural; el arte lo sublima.

LA historia de la humanidad es un intento de entender el lenguaje de la naturaleza. Pero este intento no hubiera sido nunca necesario si la naturaleza nos hablase en un lenguaje inteligible.

ৎ৹

LA ley, el hábito, la narración, el verso, el arte, el gesto de beber agua en un vaso… todo es contranatura; todo es el mismo intento de mantener la naturaleza extramuros.

ৎ৹

EL intento más humano del hombre: legislar sobre eros. Es, por supuesto, una tarea condenada al fracaso. A lo más que llegamos es a legislar sobre el placer, sobre fisiología erótica o sobre la procreación.

ৎ৹

EROS es ateo, pero padre de dioses.

EROS está siempre en pie de guerra contra la ley —necesaria— que intenta domesticarlo.

∾

LO opuesto de la prudencia es eros.

∾

SI nuestra inclinación a la virtud fuese comparable con nuestra inclinación erótica…

∾

EROS es el caballo de Troya. La ciudad cree que duerme tranquila…

∾

EROS es el zorro que guarda el gallinero.

NO existe el alma sin heridas. No existe el alma sana.

∽

LA filosofía que intenta consolar a los no filósofos del esfuerzo de su triste búsqueda de alegría es sólo ideología terapéutica.

∽

NO hay manera de atrapar a la naturaleza porque ella es la que nos empuja.

∽

EN el final de la historia el hombre viajará con su libro de instrucciones tal como hoy viaja con su pasaporte. En el libro estarán perfectamente resuelto todo el catálogo —no muy extenso— de sus posibles perplejidades.

CUANDO el hombre antiguo quiso explicarlo todo creó la filosofía. Hoy, para explicarlo cualquier parte del Todo —el Todo parece un objetivo demasiado ambicioso— lo primero que se hace es prescindir de la filosofía.

∽

LA filosofía sufrió una humillación de la que jamás podrá reponerse el día que admitió en su seno a la historia de la filosofía.

∽

TODO el que dice "la vida es…" tiene una vida pequeña.

COMO partes del Todo somos bastante raros ya que tenemos conciencia de ser partes del todo.

∾

A veces a los hombres nos duele el Todo.

∾

LO que somos como parte del Todo es solo una parte de lo que somos.

∾

APARENTEMENTE, en tanto que partes del todo, somos partículas similares a cualquier otra —un gusano o una galaxia—, pero es en esa aparente similitud donde no nos encontramos.

SOMOS el animal que se escabulle de sí mismo.

⚮

CONOCEMOS, a lo sumo, algunas partes de nosotros mismos. Sin duda, decisivas cuando se está en un quirófano, pero insuficientes cuando se entra al mismo.

⚮

EL hombre sólo se comprende bien a sí mismo cuando se ve como una parte del Todo diferente del resto del Todo.

⚮

NO importa si no comprendemos bien el Todo, sino si al saber esto no sabemos algo importante sobre el Todo.

ES difícil que el hombre aprecie, estime o admire la parte del todo que no conoce, que es la inmensa mayor parte del Todo.

❧

LA honestidad intelectual es la utopía del sabio.

❧

POR libertad de pensamiento debiera entenderse la posibilidad de dar forma al propio pensamiento, pero frecuentemente se reduce a la libertad para adherirnos a una tendencia ideológica sin saber muy bien por qué.

❧

LA libertad de pensamiento no suele ser la libertad de construir ideas propias, sino, en todo caso, la de encontrar consuelo en las ajenas.

HAY algo de supersticioso en la creencia de que la Verdad, con mayúsculas, encaja en razonamientos; como hay algo de supersticioso en la creencia de que la Historia, cabe en relatos.

ↄ

EN el filósofo se esconde un alma de teólogo, que busca la verdad para obedecerla.

ↄ

CONOCER la verdad no es lo mismo que conocer los efectos del conocimiento de la verdad.

ↄ

PERSEGUIMOS la verdad por razones filosóficas. ¿Dispondríamos de razones morales para callarla si fuera preciso?

AQUELLO que se quería demostrar sólo lo muestra la demostración. Por lo tanto, en el inicio de toda demostración hay un tanteo o una apuesta. Y esto es lo que convierte al filósofo en sospechoso a ojos del teólogo.

∽

QUIZÁS la vida más elevada sea la dedicada a la filosofía. Si fuera así, el grado de elevación de una persona no tendría por qué coincidir con su grado de satisfacción espontánea con la vida.

∽

QUIZÁS la felicidad analizada sepa a poco.

EL hombre sabio, de existir, viviría en condiciones de absoluta realidad; es decir, en un ambiente inhóspito para el hombre.

⁓

LAS tentativas por hacer más habitable el mundo no son tentativas filosóficas, sino ideológicas. De hecho, toda ideología es un proyecto de redecoración de la caverna.

⁓

UN tonto se deja de convencer antes por un listo que por un sabio.

EL filósofo entiende que en política el consenso es más útil que la filosofía.

ल

ES más fácil establecer un consenso político sobre dogmas que sobre ideas.

ल

QUIZÁS el sistema filosófico sea la jubilación de la interrogación filosófica.

ल

PARA darle coherencia a un sistema hay que dejar fuera del mismo a algunos interrogantes impertinentes.

EL sectario se suele alimentar de sistemas.

&

AL pensador de verdad, aquel que se ha atrevido a mirar cara a cara a la Naturaleza, siempre se lo comprende a medias. En esto se parece al místico.

&

EL filósofo le planta cara a la Naturaleza; el erudito, a los libros de los filósofos. Erudito es el que se limita a mirar el dedo del filósofo, y no ve aquello a lo que apunta.

&

EL alma de la filosofía se siente incómoda en el cuerpo de una moral.

NO hay deber al que el filósofo no pueda oponerle un por-qué. Por eso no hay filósofo que sea completamente moral.

☙

EL filósofo es siempre más guardián de la verdad que de su hermano.

☙

LOS dioses compensaron el peligro del filósofo con su escasez: a lo sumo, uno o dos por siglo.

☙

NINGÚN régimen filosófico puede ser gobernado por un filósofo honesto.

AL filósofo no hay corona que no le venga pequeña.

✌

PARA hacerse políticamente tratable, el filósofo debe vestirse con los prejuicios e intransigencias de su comunidad.

✌

DESCONFÍA de todo filósofo que hable desde un púlpito.

✌

EL filósofo también tiene sueños muy poco filosóficos.

ES probable que en todos los errores haya agazapada una verdad asustada.

ↄ

CUANDO el político comienza a pensar en el sentido de lo que hace, corre el riesgo de acercarse demasiado a la filosofía.

ↄ

LA sabiduría del filósofo la mide también su silencio.

ↄ

SÓLO el que mucho sabe, mucho calla.

EL farfullo es el logos de la polis. De ahí las dificultades del filósofo para hacerse entender.

෧

LA polis inventa la verdad, el filósofo pretende descubrirla.

෧

UNA de las cosas más admirables del mundo: un hombre, ese ser frágil e histórico, estudiando matemáticas.

෧

EL alma que comprende un teorema no se emociona matemáticamente, sino anímicamente. La chispa de luz de la comprensión enciende la emoción humilde del ser efímero. A ambas cosas presta su atención la filosofía.

EL coraje, la inmoderación de la teoría y la prudencia, la moderación de la palabra.

౿

EL erotismo de la voluntad de saber y/o el erotismo de la voluntad de vivir.

౿

PENSAR sin riendas, amar las riendas y hablar con cautela.

౿

TODO el que tiene cuerpo está preso en la trampa del relato.

TODO cuerpo es la huella de un nombre propio.

જ

TODO nombre propio es la parcialidad de una idea.

જ

EN una discusión propiamente filosófica sólo participarían
almas anónimas.

જ

POR ser carnales podemos ser empáticos, pero la empatía
de la carnalidad es lo que nos impide una socialización
completa.

EL intelectual es el que practica la filosofía como un medio. El filósofo la practica como un fin.

∽

EL fin de la filosofía es la educación del filósofo. El fin de la ciudad es la virtud del ciudadano.

∽

LA naturaleza de las cosas humanas no es equiparable a la naturaleza de las cosas no humanas, lo cual hace del Todo un problema.

∽

LA filosofía política comprende la importancia de la convención y el prejuicio. Y esa es la grave ironía del filósofo.

LA filosofía es un exilio intramuros.

∽

LA bondad contribuye al mantenimiento de la ciudad. Pero la bondad no ayuda a comprender por qué es necesario erigirle estatuas al filántropo Prometeo, el sofista bueno.

∽

LA filosofía al tropezar con las cosas humanas, se convierte en filosofía política.

∽

LA filosofía no proporciona ningún refugio para la intemperie. Es la intemperie. Es más capaz de destruir que de construir. De ahí la importancia del silencio. De ahí la cicuta.

LA filosofía como el deseo de mantener vivo el deseo.

∽

MÁS allá de la publicidad de la felicidad, es decir, del fomento comercial del bienestar, está la felicidad posible de la teoría, quizás la única felicidad al alcance del hombre, aunque no de todo hombre.

∽

NO se puede pensar libremente y ser un moralista.

∽

UN vicio muy común en nuestro tiempo (aunque posiblemente no exclusivo del mismo) es esforzarse en refutar lo que no se ha entendido.

SE puede asegurar que sabe leer bien el que no se precipita a opinar.

ↄ৲

EL control de la impaciencia de la opinión se obtiene con la paciencia de la lectura.

ↄ৲

EL hombre que no sabe fijar la mirada en un paisaje es mal lector.

ↄ৲

UN maestro cabal suele abandonar al alumno ante las aporías.

EL maestro que le ha demostrado al alumno la verdad de A, no es suficientemente buen maestro si no se esfuerza por mostrarle la posible verdad de su contrario.

❧

EL comentador es siempre más libre que el escritor.

❧

ES más cómodo creer que entendemos a alguien mejor que lo que se entiende a sí mismo que esforzarse por saber cómo se entiende a sí mismo.

❧

LA comprensión de nuestra imagen del otro suele ser siempre mucho mayor que nuestra comprensión del otro.

UN buen libro no necesita para su comprensión acompañarse de la vida de su autor.

&

EL valor de un hombre debiera darlo su capacidad de comprensión.

&

HAY que mirar y leer siempre con las manos limpias.

&

ABANDONAR la compañía de los grandes es acortar aún más la vida.

NORMALMENTE el que comprende bien, traduce mal.
Esta es la trampa de la empatía.

&

LO obvio es eso que suele pasarnos por alto.

&

LA coherencia es una argucia retórica, un instrumento
persuasivo.

&

HAY quien entiende por cultura la capacidad para refutar
cualquier cosa que no ha leído.

LA soberanía del pensamiento sólo es real si se lleva en la intimidad.

ↄ

HABLAR es convertir el pensamiento en acto político.

ↄ

TODO totalitarismo pretende que se piense solo en voz alta.

ↄ

PENSAR libremente es dudar de la autonomía de nuestro propio pensamiento.

LA verdad no se justifica políticamente, pero es verdad que toda comunidad, para permanecer siendo una, necesita un consenso sobre verdades políticas.

&

COMPRENDER la política es comprender las cosas humanas tal como estas se comprenden a sí mismas.

&

LOS consensos que permiten la continuidad de una comunidad política, siempre mirarán con recelo al filósofo. Tienen buenas razones para ello.

&

SI el filósofo desea romper su silencio y es reacio a la cicuta, puede buscar el amparo de la ironía.

EL filósofo político es el que ama a la verdad tanto como a su comunidad.

୧୨

EL cínico es el filósofo que ama más a la verdad que a sus conciudadanos.

୧୨

EL filósofo aun cuando vive en comunidad, vive en otro mundo.

୧୨

TODA comunidad política posee opiniones sagradas. Para el filósofo, nada hay menos sagrado que la opinión.

LA verdad nos dice que puede tener razón tu enemigo.

&

NO hay comunidad sin una latente pulsión totalitaria. Es decir: allí donde hay una comunidad hay un régimen de exclusiones legítimas.

&

EN toda ciudad democrática hay un interés espontáneo por lo extranjero. Por eso la filosofía, sean cuales sean los límites que haya de aceptar, sólo es posible en la ciudad democrática.

&

EL drama del filósofo es que, tarde o temprano, necesita ver sus convicciones expresadas por otro, para así poder objetivarlas críticamente.

EL filósofo necesita comprender y, por lo mismo, necesita exponerse.

ɘↄ

NI el filósofo ni la ciudad tienen suficiente con el humanismo. Pero lo que necesitan para completarlo es diferente en cada caso.

ɘↄ

EL filósofo desnuda el humanismo; el político, lo adorna.

ɘↄ

UNA sociedad estrictamente racional, no sería una sociedad humana.

ɘↄ

QUIZÁS en nuestro tiempo el hombre se ha cansado de vivir en comunidades humanas, pero no tiene alternativa.

LAS cosas acostumbran a llegar según su lógica, no según nuestros deseos. ¡Cuántas veces una lógica banal nos convierte en héroes objetivamente triviales y subjetivamente sublevados contra nuestro desamparo.

❧

COMPRENDEMOS mejor la indiferencia del otro ante las desgracias del mundo que ante nuestro tropezón con una losa desencajada del paseo.

❧

CUANDO llegue el fin del mundo a buen seguro nos pillará enredados en alguna de nuestras pequeñas pero absorbentes urgencias y lo miraremos con desprecio por negarse a esperar un poco más.

NO nos sucederá nadie que pueda escribir la historia del comienzo del fin, porque el comienzo del fin fue la historia.

ᴇᴠᴢ

SUELE ocurrir: el grito de alerta del vigía no nos advierte de que el bárbaro ha cruzado las fronteras, sino de que está durmiendo en nuestra cama.

ᴇᴠᴢ

EL día que llegue el apocalipsis algunos comenzarán a escribir su crónica periodística.

ᴇᴠᴢ

LA única manera de soportar la inminencia del azar es ignorarlo.

EN el reloj del fin del mundo darán las últimas doce campanadas y los afortunados pensarán si ir mañana al peluquero.

∾

LA misión de los historiadores es hacernos dudar de la imprevisibilidad de la historia.

∾

CUANDO esté a punto de consumirse el tiempo que falta intentaremos llamar por teléfono, para despedirnos. Pero todas las líneas estarán ocupadas. Todos estaremos empeñados en lo mismo.

Este número 53
de Aforismos de Siltolá
se terminó de imprimir
en el mes de marzo de 2024